COMPRENDRE LA LITTÉRATURE

MIXTE
Papier issu de sources responsables
Paper from responsible sources
FSC® C105338
www.fsc.org

CHARLES BAUDELAIRE

Les Fleurs du Mal

Étude de l'œuvre

© Comprendre la littérature.

22 rue Gabrielle Josserand - 93500 Pantin.

ISBN 978-2-7593-0415-8

Dépôt légal : Juin 2023

Impression Books on Demand GmbH

In de Tarpen 42

22848 Norderstedt, Allemagne

SOMMAIRE

- Biographie de Charles Baudelaire................................ 9

- Présentation des *Fleurs du Mal*................................. 13

- Résumé du recueil... 17

- Les raisons du succès.. 29

- Les thèmes principaux... 37

- Étude du mouvement littéraire.................................. 45

- Dans la même collection... 51

BIOGRAPHIE DE
CHARLES BAUDELAIRE

Charles Baudelaire est né le 9 Avril 1821, rue Hautefeuille à Paris, fils unique de François Baudelaire et de Caroline Defayis. Baudelaire n'a que six ans quand son père meurt. Sa mère épouse, un an plus tard, Jacques Aupick qui deviendra chef d'État Major sous la Monarchie de Juillet. Baudelaire ne supporte pas ce remariage. Trois ans plus tard, il commence ses études au Collège royal, puis il est envoyé à Calcutta en raison des relations conflictuelles qu'il entretient avec son beau-père. Il s'arrête sur l'île Maurice où les images exotiques de ce voyage alimenteront ses poèmes durant toute sa vie.

En 1842, Baudelaire est majeur, il reçoit donc l'héritage de son père, mais en dépense la moitié en quelques mois. Il fait alors la connaissance de Jeanne Duval, avec laquelle il entretiendra une relation passionnelle et orageuse. Elle est à l'origine de l'un des cycles amoureux du Spleen. Deux ans après, à la demande de sa famille, Baudelaire est placé sous tutelle judiciaire, car il dilapide l'argent de son père. Condamné à ne plus pouvoir jouir de son argent en toute liberté, il sombre dans une grande dépression et publie pour survivre, ses premiers articles en tant que critique d'art dans *Salon*. C'est à cette période-là, qu'il s'initie à la lecture et à la compréhension de l'œuvre d'Edgard Poe, poète et dramaturge américain, dont Baudelaire sera le premier à traduire les œuvres en langue française. Il participe ensuite à la Révolution de 1848, et crie sur les barricades, pour se venger de son beau-père : « Il faut aller fusiller le général Aupick. »

Trois ans plus tard, il publie *Du vin et du hachisch*, mais le coup d'état de Napoléon Bonaparte le révolte. Il fait ensuite la rencontre de Madame Sabatier, qui fait partie des femmes qui nourriront son œuvre poétique. Il lui consacre une série de poèmes, que l'on nomme, « Le cycle de Madame Sabatier », présent dans la section du *Spleen des Fleurs du Mal*.

Ces poèmes lui seront envoyés anonymement par Baudelaire durant de nombreux mois. En 1853, il s'attelle aux premières traductions d'Edgard Poe. Puis, en 1857, alors que Flaubert est jugé pour *Madame Bovary*, *Les Fleurs du Mal* sont publiées le 25 juin. Baudelaire est condamné pour délit d'outrage à la morale publique. Cette condamnation le consterne et l'attriste profondément surtout que Flaubert, pour sa part, a été acquitté. Il publie alors six poèmes en prose sous le titre de *Poèmes nocturnes*. Forcé de réécrire *Les Fleurs du Mal*, il rédige une série de nouveaux poèmes qui deviendront des textes emblématiques de son recueil. C'est l'une des années les plus prolifiques de son écriture poétique, il écrit entre autres : « La Chevelure », « Les Sept Vieillards », « Chants d'automne », « Le Masque ». En 1860, il publie les *Paradis artificiels* où il poétise la consommation de drogues hallucinatoires comme l'opium ou l'absinthe et en 1861 paraît la seconde édition des *Fleurs du Mal*.

Quelques années plus tard, il part pour Bruxelles où il donne cinq conférences sur l'art et la littérature, mais il revient déçu : ses conférences sont un échec. En proie à une situation financière catastrophique, désespéré et souffrant de troubles physiques graves liés à la syphilis et à sa vie dissolue, il entre en maison de santé à Paris. Un an plus tard, le 31 août 1867, Baudelaire meurt. Il est enterré au cimetière Montparnasse, à Paris.

PRÉSENTATION DES FLEURS DU MAL

Les Fleurs du Mal ont été publiées une première fois en 1857 par l'éditeur Poulet-Malassis, l'ouvrage fut tiré à 1300 exemplaires. L'œuvre de Baudelaire fut mal accueillie, qualifiée de « scandaleuse » et de « révolutionnaire ». Censuré, il dû reprendre son œuvre et la réécrire. Il s'inquiéta de devoir retoucher la forme de son recueil, car la structure interne du livre avait une cohérence et une logique difficile à défaire. Supprimer des poèmes et les substituer par de nouvelles créations provoquèrent donc chez lui une colère et un désarroi profond. La seconde édition des *Fleurs du Mal* vit le jour quatre ans plus tard, en 1861, six poèmes aujourd'hui classés dans « Les pièces condamnées », furent enlevés et trente deux poèmes furent rajoutés. Une nouvelle section apparaît également dans cette seconde version : « Les tableaux parisiens. » En 1863, il cède les droits d'exploitation des *Fleurs du Mal* à l'éditeur Hetzel, qui souhaite en faire une troisième édition augmentée d'autres poèmes. Mais Charles Baudelaire meurt avant que cette version soit définitivement terminée.

Le titre du recueil, *Les Fleurs du Mal*, nous donne un premier aperçu des thèmes qui seront développés par Baudelaire. Son titre oxymorique qui place côte à côte deux termes : « Fleurs » et « Mal », qui d'ordinaire s'opposent, rend compte de la double posture du poète, partagé entre le Spleen et l'Idéal, entre Satan et Dieu. Cette tension entre des désirs contradictoires constitue l'architecture du recueil et définit son esthétique poétique. Baudelaire développera donc en profondeur les thèmes de l'Idéal et du Spleen en incluant d'abord sous ces deux sections : l'amour, la beauté, l'espoir, la spiritualité puis la mort, la vieillesse, la maladie, le désespoir de l'autre, construisant déjà une dialectique du haut vers le bas, de l'espoir vers le désespoir, dévoilant ainsi par ce schéma de construction textuelle, l'impuissance du poète à vaincre ses vices et ses tourments. Baudelaire fut qualifié de génie et ces poèmes résonnent encore aujourd'hui avec force : « L'Albatros », « Correspondances », « Parfum exotique », « La Chevelure », « Spleen LXXVIII », ou encore « L'Horloge » et « À une passante » restent très célèbres. Ce recueil de poésie de Baudelaire demeure un chef-d'œuvre et un classique du genre poétique de la fin du XIXe siècle.

RÉSUMÉ DU RECUEIL

Charles Baudelaire est très attaché à la structure générale de son recueil, il se place ainsi dans le sillage de Théophile Gautier, théoricien de « l'art pour l'art », qui accorde une attention spécifique à la pureté de la forme, ce qui relie ainsi Baudelaire aux exigences techniques du Parnasse. Le recueil des *Fleurs du Mal* présente une structure clairement découpée. Chaque thème développé est titré et constitué en partie distincte. Baudelaire dira à ce propos à Vigny : « Le seul éloge que je sollicite pour ce livre est qu'on reconnaisse qu'il n'est pas un pur album et qu'il a un commencement et une fin. Tous les poèmes nouveaux ont été faits pour être adaptés au cadre singulier que j'avais choisi. »

« Au lecteur »

La dédicace à Théophile Gautier et le poème « Au lecteur », ouvrent *Les Fleurs du Mal* et constituent l'introduction du livre. Ce premier poème constitue une forme d'« avertissement au lecteur », Baudelaire présente son œuvre et explique sa démarche littéraire au lecteur pour le convaincre de lire son recueil.

« Spleen et Idéal »

La première section des Fleurs du mal se nomme « Spleen et Idéal » ; ces deux termes antinomiques structurent le recueil. Cette section peut être scindée en deux, on trouve au début de « Spleen et Idéal », les poèmes qui illustrent l'Idéal puis dans une seconde partie les poèmes qui traitent du Spleen. On peut encore diviser ces deux parties en thématiques secondaires qui reflètent une construction formelle exigeante.

Le recueil s'ouvre néanmoins sur trois poèmes qui représentent la figure du poète maudit. Baudelaire qui fait progresser ses poèmes de l'Idéal au Spleen, fait le choix d'insérer en début de cette section, des poèmes qui reflètent son état d'âme romantique, qu'il ne tardera pas à dépasser dans la suite du recueil. Ce point de départ montre que le recueil présente un ensemble structuré et qu'il contient une logique interne.

Le Poète martyre

Baudelaire dès ces premiers poèmes s'appuie sur la foi et la religion pour traduire ses sentiments de désespoir. Il tente dans ces poèmes aux titres évocateurs : « Bénédiction », « Élévation », d'atteindre une certaine félicité divine. Le choix d'un vocabulaire lumineux et éclairé montre une idéalisation de l'au-delà. Ce thème est aussi présent dans le poème « L'Albatros », qui traduit le sentiment d'incompréhension et de raillerie dont sont victimes les poètes ou encore dans « La Muse vénale », où le poète aliéné par l'argent se dit victime d'une société hypocrite.

La Thématique de l'Idéal

On peut regrouper sous ce thème, trois thématiques secondaires qui illustrent cette recherche d'une idéalité et qui y répondent partiellement : les correspondances, l'esthétique poétique et la Beauté.

Le Thème des correspondances

« Correspondances » est un poème qui est considéré comme le premier écrit symbolique. Le symbolisme est un mouvement littéraire de la fin du XIXᵉ siècle, dont le chef de file est Stéphane Mallarmé. Sa théorie littéraire repose sur le fait que derrière le monde physique et sensible se cache un autre monde, celui des Idées. Ce monde, plus vrai que celui dans lequel nous vivons, fonctionne par les symboles qui nous permettent de dire l'Idée sans employer le langage courant qui, lui, nous enferme dans un système de pensée. On a relié la théorie des correspondances avec la théorie mallarméenne, puisque Baudelaire au travers de son jeu sur les mots et le langage, propose d'accéder à un autre monde : celui de l'Idéal. Ce thème récurrent est présent dans de nombreux poèmes comme « L'Homme et la mer ». Les correspondances entre les arts sont mises à jour dans les poèmes suivants : « Les Phares » ou encore « Le Mauvais moine ».

Le Thème de l'esthétique poétique

Baudelaire porte une réflexion sur sa propre esthétique, il est partagé entre l'héritage des auteurs classiques et les romantiques. C'est un sujet qu'il explore dans « J'aime le souvenir », « La Muse malade », « Une charogne » ou encore « La Musique » et qui éclaire le mieux la construction oxymorique du recueil et la tension perpétuelle qui découle de son être.

Le Cycle de la beauté

Ce thème est une source d'inspiration féconde chez l'auteur, car à son contact, il parvient à saisir son esthétique de l'Idéal. On retrouve parmi les poèmes de ce cycle : « La Beauté », « L'Idéal », « L'Hymne à la beauté », « La Géante », « Le Masque ». Dans ce dernier poème il relie la beauté à la douleur et il mime les différents moments de la découverte de l'autre. « Le Cygne », « À une passante », reprennent ce motif de la douleur qui s'unit à l'amour. Enfin, sa passion pour les femmes et l'amour est exaltée au travers des correspondances sensorielles qu'il développe dans « Les Veuves », « Parfum exotique », « La Chevelure », « Je t'adore à l'égal », « Tu mettrais l'univers », « Sed non satiata », « Avec ses vêtements ondoyants », « Le Serpent qui danse », « Le Beau Navire ».

La Thématique du Spleen

Ce thème comprend trois cycles articulés autour de l'amour passionné, destructeur et charnel. Ils coïncident avec trois femmes qu'il a aimées : Jeanne Duval, Madame Sabatier, Marie Daubrun.

Le Cycle Jeanne Duval

« Le Vampire », « Une nuit que j'étais », « Remords posthume », « Le Chat », « Le Balcon », « Le Possédé » mettent à jour un amour destructeur et possessif avec Jeanne Duval. Dans « Duellum » ou « Chansons d'après-midi », Baudelaire s'intéresse aux sentiments haineux et à la cruauté. Cette haine sera l'un des motifs centraux de sa relation orageuse avec Jeanne Duval. Il rédige ensuite « Un fantôme », un drame où le déchaînement de la passion laisse place à une compassion profonde, puisqu'elle tombe gravement malade. Ce poème divisé en quatre actes comprend : « Les Ténèbres », « Le Parfum », « La Chevelure », qui n'est autre que celle de Jeanne Duval, « Le Cadre », qui explore l'animalité naturelle de la femme, et enfin « Le Portrait » qui engage le poète à immortaliser par l'écriture la beauté de la femme.

Le Cycle Madame Sabatier

Les poèmes qui vont suivre ont été écrits pour Mme Sabatier et explorent l'idéalité de l'amour. Dans « Je te donne ces vers », il se moque sur un mode ironique de la poésie de la Renaissance. « Tout entière » détaille la beauté de la femme, « Que diras-tu ce soir » traite de l'idéalisation amoureuse, « Le Flambeau vivant » comporte, quant à lui, une dimension religieuse. « Réversibilité » explore le péché et la misère dans lesquels vit le poète, et s'oppose à l'élévation spirituelle de la femme « Ange ». La dimension incantatoire de la femme et son invocation marque ici les différences qui séparent le poète de cette dernière. Le poète emploie des figures de style comme l'antithèse et l'oxymore pour appuyer cette opposition (ange/haine, beauté/rides, santé/fièvre). Il poursuit cette polarité entre l'homme maudit et la femme « aimable et douce » dans « Confession ». Il inverse cette fois-ci le procédé, puisque le poème démarre par la douceur pour finir par un cri. « L'Aube spirituelle » traite du plaisir et de la désolation, « Harmonie du soir », comme le poème « Balcon » est un poème d'amour qui fait ressurgir toute la musicalité du sentiment amoureux. « Le Flacon » est un renversement des textes précédents, le poète est une figure de l'aliénation. Il se réifie et interpelle la femme sur une tonalité provocatrice. Il évoque là l'ambivalence des sentiments, à la fois tendres et cruels. « Sisina » est un hommage à une amie de Madame Sabatier : Mme Neri, dont la liberté de penser et d'agir frappa Baudelaire.

Le Cycle Marie Daubrun

Ce cycle débute par le poème : « Le Poison. » Baudelaire attribue à la femme le même pouvoir « empoisonné » que le vin et l'opium. « Ciel brouillé » est une évocation de la femme paysage ; « Le Beau Navire » illustre l'éros baudelairien, « L'Invitation au voyage » est une métaphore de la femme. Ce poème par sa temporalité progresse selon la courbe d'une journée, les paysages et les espaces rêvés sont amplifiés par l'éveil olfactif. « L'Irréparable » est un texte rempli de noirceur, car il illustre des sentiments révélateurs du Spleen baudelairien. On retrouve l'expression d'une angoisse et d'une culpabilité religieuse, mais aussi la manifestation d'une dégradation physique. Le poème « Causerie » est composé d'images violentes et destructrices où la douceur de la femme aimée contraste avec la brutalité du poète. Puis, dans les derniers poèmes dédiés à Marie Daubrun, Baudelaire exprime de façon manifeste le lien existant entre l'amour passionnel, criminel et la création poétique : « Chants d'automne » et « À une Madone » illustrent le penchant sadique et masochiste du poète.

Le Cycle de la mort

On assiste à la déchéance morale et physique du poète dans cette dernière thématique du Spleen. Dans « Le Revenant » et « Sépulture », on perçoit une inspiration macabre et cynique de la part de l'auteur. L'atmosphère est sordide et horrifiante. Cette exploration des ténèbres et du cimetière de l'âme se poursuit avec des poèmes aux titres éloquents : « Une gravure fantastique », « Le Mort joyeux », « Le Tonneau de la haine ». Les poèmes qui suivent abordent le temps qui passe et la vieillesse qui conduisent à la mort. Le poète condamne aussi la faculté mémorielle qui inflige à l'homme le passage du temps : « La Cloche fêlée », « Spleen LXXV », « Spleen LXXVI », « Spleen LXXVII », « Spleen LXXVIII ». Le poète se chosifie peu à peu et perd de sa substance humaine, il se résigne progressivement à mourir dans : « Obsession », « Le Goût du néant », « Alchimie de la douleur », « Horreur sympathique ». Enfin, il retourne sa force destructrice et diabolique contre lui-même et provoque sa chute dans : « L'Héautontimorouménos », littéralement en grec : « Celui qui se venge sur lui-même », « L'Irrémédiable », qui figure la chute, et « L'Horloge » où la figure de la prosopopée confère au Temps le rôle de la faucheuse.

« Tableaux parisiens »

Baudelaire aborde dans cette deuxième section des *Fleurs du Mal* des thèmes modernes. Ces poèmes constituent un tournant dans la poésie. La ville et ses bouleversements urbains présentent aux yeux de Baudelaire un grand intérêt, car elle devient une source d'inspiration. Il se dégage en cela de l'esthétique romantique. Il préfère le mouvement et les sons de la ville à ceux de la nature. Comme il est attentif aux changements de la société et qu'il saisit la vie moderne qui naît, il est considéré comme le premier poète de la modernité. Il emploie un vocabulaire concret ; « mansarde, portières, volets, hôpitaux », qui illustre sa modernité dans les deux premiers poèmes de cette section : « Paysage » et « Le Soleil ».

Dans « À une passante » et « Le Jeu », il recherche ce qui est fuyant, ce qui vacille et qui est en perpétuel mouvement. Ce qui l'intéresse, c'est de pouvoir fixer et arrêter ces mouvements par l'écriture. Il veut figer l'insaisissable et traduire par le langage poétique l'instantanéité d'un geste, le sentiment fugitif et éphémère d'une démarche. Dans « Le Crépuscule du soir », les contrastes de la lumière urbaine lui permettent d'établir des oppositions visuelles en adéquation avec ses contradictions intérieures.

Il met aussi en évidence notamment dans « Le Cygne », « Les Sept Vieillards », « Les Petites Vieilles », l'image de la vieillesse des habitants ; c'est ainsi qu'il traduit l'Ennui c'est-à-dire le Spleen profond. Mais la ville conduit aussi à la solitude et à l'isolement, comme le montrent les portraits : « À une mendiante rousse » et « Les Aveugles » envers qui il éprouve de la solidarité. Mais ces tableaux parisiens sombrent dans le désespoir et l'hallucination. Ils s'assombrissent dans ces derniers poèmes : « Brumes et pluies », « Rêve parisien », « Le Crépuscule du matin ».

« Le vin »

Le vin est un accès au rêve. Il lui permet d'entrevoir la réalité sous une autre perception ; le vin qui est un paradis artificiel conduit à un espace de création libéré comme dans « Le Vin des amants ». Il est aussi une façon pour le poète d'échapper à la douleur. « L'Âme du vin », « Le Vin des chiffonniers », « Le Vin du solitaire » et « Le Vin de l'assassin » expriment la joie et le réconfort. Ils sont écrits dans une période où Baudelaire pense que l'avenir sera meilleur ; le vin pris sous son acception religieuse salue alors le travailleur, console le pauvre et redonne de l'espoir et du courage.

« Fleurs du mal »

Dans cette section, le poète explore les bas-fonds de la société. Il tente d'extraire la beauté gisant dans la noirceur et le Mal de la nuit. Les poèmes « Allégorie » ou « La Béatrice », traitent de la débauche des prostitués. Des mœurs interdites comme l'homosexualité féminine sont le sujet des « Femmes damnées ». Il thématise son goût pour le sang dans « La Fontaine de sang » et pour le meurtre dans « La

Destruction ». Dans ce poème, il exprime une allégorie du Mal sous la forme du Démon qu'il oppose « au regard de Dieu ». « Une martyre » questionne l'amour charnel et intellectuel. Le poète exprime une exaspération devant le corps fini de l'amant et l'infini de ses sentiments. On assiste à une tension entre la matérialité du corps et l'immatérialité de la pensée.

« Révolte »

Dans cette section, la révolte est portée à l'encontre de Dieu et de la religion. Le poète blasphème le Christ. L'un des poèmes de cette section fait référence au Satanisme : « Les Litanies de Satan. » « Abel et Caïn » traite du mythe des deux frères ; Caïn tue Abel par jalousie et commet alors le premier meurtre de l'humanité : un fratricide. « Le Reniement de saint Pierre » épouse cette logique de la révolte contre Dieu.

« La mort »

Dans cette section, le poète met en lien la mort avec l'amour. Dans « La Mort des amants », il figure la mort comme étant la seule image qui puisse être comparée au sentiment de l'amour. La mort représente l'infini des sentiments amoureux. Selon la religion, la mort est vécue comme un soulagement, comme un départ vers un monde meilleur, c'est ce qu'il développe dans « La Mort des pauvres ». « Le Voyage » illustre enfin la libération du poète et son avancée vers un monde inconnu. Il exprime dans ce poème la recherche de la nouveauté et l'impossibilité pour le voyageur de se contenter du monde réel et fini. Mais le désenchantement conduit l'humanité à sa chute, car elle ne peut réaliser ce que l'imagination lui transmet. Baudelaire imagine alors comme projet poétique final que la mort devienne le guide de ce voyage du connu vers l'inconnu.

LES RAISONS
DU SUCCÈS

Baudelaire a vécu dans un siècle en pleine mutation, perceptible aussi bien dans le champ politique que dans le champ économique et social. Le XIXe siècle est un siècle transitoire, car il se situe juste après les événements de la Révolution française de 1789, il subit donc des répercussions politiques. Les régimes qui se mettent en place sont de courte durée et reflètent une période charnière en proie à une instabilité politique.

En 1804, Napoléon Bonaparte est sacré empereur, c'est le Ier Empire qui dure jusqu'en 1815. Cette première période politique du XIXe siècle est marquée par la naissance d'un courant littéraire foisonnant et européen : le romantisme. Le premier roman français illustrant ce mouvement est *Le Génie du Christianisme*, rédigé en 1802 par Chateaubriand, royaliste et fervent catholique, qui plaide un retour à la croyance et au régime monarchique. Il incarne déjà la figure du romantique désabusé, qui ne se reconnaît pas dans la société dans laquelle il vit, nostalgique d'un passé révolu.

En 1815, Chateaubriand soutient le retour des royalistes, deux rois vont se succéder : Louis XVIII et Charles X, le régime monarchique est rétabli, c'est la période dite de Restauration qui durera jusqu'en 1830. Les romantiques ont pour caractéristique de s'engager dans la vie politique et sociale de leur époque. En 1820, Lamartine publie les *Méditations poétiques*, poème qui évoque les jours heureux et la mort de l'être aimé au travers d'un éloge de la nature et de sa beauté. C'est en 1830 que le romantisme connaît son apogée avec comme œuvre centrale, la pièce de théâtre de Victor Hugo : *Hernani*, drame passionnel et romantique. C'est cette même année qu'a lieu la Révolution de Juillet ; le peuple s'insurge en construisant des barricades, il proteste contre la suppression par Charles X des libertés publiques comme la liberté de presse.

Charles X abdique et Louis Philippe arrive au pouvoir, commence alors la monarchie de Juillet. Le Roi donne des gages de liberté au peuple, (comme le fait qu'une partie de la population assumera la législation du pays). En 1848, la situation économique du pays n'est pas bonne, les opposants au régime sont nombreux et organisent une série de meetings politiques nommés « les banquets ». Mais en février 1848, le gouvernement les fait interdire, les opposants manifestent, une fusillade éclate alors et le peuple s'insurge. Baudelaire participe à ce mouvement des barricades, car il ne supporte pas les valeurs bourgeoises que véhicule la monarchie de Juillet. La bourgeoisie est une nouvelle classe sociale qui émerge à la sortie de la Révolution de 1789, issue du Tiers États, elle s'enrichit grâce au commerce et au développement de l'industrie. Pour Baudelaire, participer à cette révolution sera davantage une façon de protester contre l'ordre établi, que de défendre les idées politiques qui en émerge. S'insurger contre le pouvoir en place sera aussi pour lui le signe d'une protestation plus personnelle ; il entend montrer ainsi son profond dégoût pour son beau-père, le général Aupick contre lequel il hurle sur les barricades : « Qu'attendez-vous pour fusiller le général Aupick ? »

Louis Philippe finit par quitter le pouvoir et la Seconde République est proclamée le 24 février 1848. C'est Lamartine qui devient le chef du gouvernement provisoire. Une série de mesures est prise comme l'abolition de l'esclavage dans les colonies, l'abaissement du temps de travail et l'ajout du terme « Fraternité » à la devise de la France. En 1851, Napoléon Bonaparte, neveu de Napoléon Ier, est élu légalement au pouvoir, mais il fait un coup d'État le 2 Décembre 1851 mettant fin à la Seconde République. Il se proclame Empereur, sous le titre de Napoléon III ; c'est la naissance du Second Empire. Le peuple en a assez, l'opposition est muselée, en conséquence de quoi les réactions sont peu nombreuses. Victor Hugo est contraint à dix-huit ans d'exil, Baudelaire qui lui voue une grande admiration, lui dédiera certains de ses poèmes contenus dans la section des « Tableaux parisiens » : « Le Cygne », « Les Sept Vieillards » et « Les Petites Vieilles ». Ainsi, le XIXe siècle subit de profondes transformations aussi bien politiques, qu'économiques et industrielles. Sous le Second Empire, en effet, Napoléon développe l'industrie, les transports, l'urbanisme ; c'est l'avancée vers le Progrès. Cette société en pleine mutation entre dans une nouvelle ère, que l'on nomme la modernité. La société d'aujourd'hui trouve sa base dans les bouleversements de cette époque.

Le progrès et l'industrialisation de la France touchent tous les secteurs marchands y compris celui de l'édition du livre. Se développe alors une nouvelle forme de commercialisation des œuvres littéraires : les romans feuilletons. Ces romans populaires sont alors diffusés par épisode dans les journaux de l'époque. Balzac fera publier ses romans dans les journaux avant de se diriger vers la publication de ses œuvres en volume. Dès 1850, se développe un nouveau genre romanesque : le réalisme. Balzac incarne la figure de l'écrivain entrepreneur, tandis que Baudelaire celle de l'écrivain artiste. C'est donc dans ce contexte politique et économique que sera publiée la première édition des *Fleurs du Mal* en 1857, année marquée, six mois plus tôt, par la publication de *Madame Bovary* de Gustave Flaubert. Ces deux œuvres seront censurées par le Parquet de justice, mais alors que Flaubert est acquitté, Baudelaire est condamné pour « délit d'offense à la morale publique et aux bonnes mœurs » et écope d'une amende de 300 francs. Son éditeur, Poulet-Malassis est lui aussi condamné a payé 100 francs d'amende. Le tribunal n'a pas retenu « le délit d'offense à la morale religieuse », comme le souhaitait le Parquet.

La littérature au XIXe est en effet contrôlée par le pouvoir politique. On confère à la littérature un but précis, celui d'apprendre aux lecteurs la façon dont ils doivent se conduire en « honnête homme ». Les romans du XIXe sont sous l'influence du classicisme ; le récit doit refléter l'image d'une société intègre et bien pensante, régie par des personnages aux mœurs irréprochables. Il s'agit d'une littérature dite de « vraisemblance » qui doit raconter ce qui paraît le plus vrai et le plus juste. La littérature a donc une visée morale héritée des Lumières et des classiques (Molière, Boileau, Racine). Elle se fonde sur trois postulats que Baudelaire récuse : la narration, l'enseignement et la description. Les classiques, nommés ainsi par Stendhal en opposition aux romantiques, ont créé des modèles au sein de l'Académie française en fondant chaque genre littéraire sur des règles de construction claires et rigoureuses. Ces canevas fermés et clos de l'écriture illustrent une recherche de la perfection, à la fois stylistique, formelle, mais aussi fictionnelle, la poésie devant traiter exclusivement certains sujets. Or, Baudelaire va introduire et traiter de nouveaux thèmes qui jusque là étaient interdits dans le genre poétique.

Baudelaire s'emploie donc à réécrire une seconde version des *Fleurs du Mal* qui sera publiée en 1861. Cette seconde édition est considérée comme étant la forme définitive de son œuvre. Anti-bourgeois et anti-capitaliste, il se détachera de cette classe sociale, en adhérant à la posture sociale du dandy. Reconnaissable par ses tenues vestimentaires élégantes mais volontairement désinvoltes et négligées, le dandy laisse apparaître chez lui une certaine forme de dédain, un désintéressement pour sa personne, tout en maîtrisant le goût et les codes vestimentaires de l'époque.

Ainsi, la position de Baudelaire sera ambivalente. Sa

poésie est empreinte d'une rigueur et d'une recherche de la beauté formelle héritée des classiques, mais il partage avec les romantiques le culte du moi ainsi que l'expression poétique des sentiments et de la passion. Il se détache pourtant de leur esthétique au travers de son « rejet » de la nature. Les romantiques vouent un culte à cette dernière, qu'ils assimilent au divin. Baudelaire quant à lui, sera « antinature », il s'inspirera plus fortement de la ville et de ses bouleversements urbains, ce qui fera dire à ses héritiers qu'il était l'un des premiers « modernes ». L'écrivain occupe donc une place à part dans le paysage littéraire, il influencera Mallarmé et le courant symboliste et sera le maître incontesté de Rimbaud et de Verlaine. Son influence se poursuivra au XXe siècle puisque les surréalistes menés par Breton reconnaîtront son génie et l'influence de sa poésie dans leurs écrits poétiques. Influencé par Théophile Gautier, à qui il dédie ces « fleurs maladives », Baudelaire produira une poésie ambivalente à la fois nouvelle et moderne, mais aussi classique et romantique.

LES THÈMES
PRINCIPAUX

Le spleen

Le Spleen est un sentiment de mélancolie et d'ennui profond. Dans le premier poème qui ouvre *Les Fleurs du Mal* : « Au lecteur », Baudelaire introduit la notion de Spleen en l'illustrant par le sentiment de l'ennui. Il veut faire admettre au lecteur que malgré son éducation chrétienne, il est coutumier du vice et que rien ni personne, ne pourra le sauver du Spleen. Ce poème illustre le « Mal du siècle », renvoyant à la déréliction (être dans le monde sans savoir ce que l'on fait, ce que l'on est) de l'âme privée de Dieu : « Dans la ménagerie infâme de nos vices […] Il en est un plus laid, plus méchant, plus immonde ! […] C'est l'Ennui ! – l'œil chargé d'un pleur involontaire, […] Tu le connais, lecteur, ce monstre délicat, […] – Hypocrite lecteur, – mon semblable, – mon frère. »

On assiste chez Baudelaire à une explosion de sujets liés à cette thématique du Spleen : la mort, l'obsession de la vieillesse, la douleur, le désespoir, la souffrance de l'amour et de soi, sont tous caractéristiques d'un mal être et d'un ennui existentiel. Il développe dans « La Cloche fêlée », le champ lexical de la vieillesse et des souvenirs qui se dissolvent dans le temps : « Souvenirs lointains, vieillesse, vieux soldat, oublie, morts, meurt. » L'individu se retrouve impuissant devant sa condition et éprouve une incapacité à atteindre le Bien et le Beau face aux démons et aux tentations qui l'habite. La métaphore est la figure qui illustre le mieux cette position du poète, morcelé et divisé par le Mal qui le ronge : « Moi, mon âme est fêlée ». Dans ce poème de « La Cloche fêlée », il assimile peu à peu son « moi intérieur » à une cloche. Il utilise également la figure de la comparaison dans le poème du « Spleen LXXVI » pour décrire son sentiment d'impuissance face au temps qui passe : « J'ai plus de souvenirs que si j'avais mille ans […] Je suis un cimetière abhorré de la lune [...] Un vieux sphinx ignoré du monde insoucieux. »

La mémoire est une faculté déplaisante pour Baudelaire, car elle lui fait prendre conscience de sa vieillesse. Dans le « Spleen LXXVII », il poursuit : « Je suis comme le roi d'un pays pluvieux, [...] Riche mais impuissant, jeune et pourtant très vieux. » Il utilise aussi la prosopopée (figure de style qui anime et fait parler un objet ou une personne morte) dans son poème « L'Horloge » pour exprimer son obsession du temps qui passe et de la mort : « Horloge ! dieu sinistre, effrayant, impassible, [...] Dont le doigt nous menace et nous dit : « Souviens-toi ! [...] Les vibrantes Douleurs dans ton cœur plein d'effroi [...] Se planteront bientôt comme dans une cible. »

Dans le « Spleen LXXVIII », il personnifie les sentiments de l'angoisse et de l'espoir, cela lui permet de décrire son désespoir et de produire un effet d'oppression et d'envahissement face à ce qu'il ressent : « – Et de longs corbillards, sans tambours, ni musique, [...] Défilent lentement dans mon âme ; l'Espoir, [...] Vaincu, pleure et l'Angoisse, atroce, despotique, [...] Sur mon crâne incliné plante son drapeau noir. »

Ainsi, les poèmes du Spleen sont traversés par la « dépersonnalisation » du poète, qui se traduit par une absence de subjectivité comme on peut le remarquer dans le *Spleen LXXV* et les poèmes suivants. Baudelaire emploie la marque de l'impersonnel, car le poète s'efface peu à peu pour laisser place aux objets qui sont personnifiés, tandis que le poète, lui, se réifie. Dans tous ses poèmes du Spleen, les atmosphères s'assombrissent, le lexique est lourd, pesant, la nature s'enlaidit, elle devient irrespirable et son état de décomposition reflète l'état dépressif de l'âme du poète.

On remarque également une résignation devant la souffrance et l'ennui, car le combat, pour lui, est vain. Il se heurte à l'impossibilité d'atteindre ses rêves. En effet, de cette souffrance naissent des tentatives pour y échapper, exprimées dans l'idéal, mais elles sont vouées à l'échec. Le terme de Spleen reflète cette pensée d'une insuffisance face au monde que rien ne peut combler.

L'Idéal

Baudelaire exploite ses expériences comme un matériau d'écriture. Il existe par et pour ses poèmes. Cette posture du poète le conduit à risquer sa vie puisqu'il tente des choses ou commet des actes qui peuvent le mettre en péril, mais qui rend sa création fertile. Le Mal qu'il explore comme les paradis artificiels sont convertibles selon lui en beauté. Il va donc extraire la beauté de ce mal en transfigurant la laideur. Baudelaire est un poète qui se positionne au centre de son questionnement et de son déchirement intérieur. Il s'étudie lui-même et examine sa perte et son désespoir. Ainsi, bien que responsable de sa vie, il va porter sur ses aventures malheureuses un regard à la fois critique et distancié. La lucidité dont il fait preuve envers lui-même constitue la substance de ces poèmes.

La poésie baudelairienne qui s'oppose à la nature, recherche le raffinement, l'artifice, l'éloge du masque et du fard. La ville est donc pour lui un espace d'inspiration et de création privilégié. Les procédés et les tournures littéraires qu'il emploie participent d'une recherche formelle travaillée et fondée sur une technique, un savoir faire de l'illusion et de la mystification. Sa poésie n'est pas pour autant une poésie superficielle mais aspire à un idéal, sous tendu dans le sens profond et caché de ses poèmes. Baudelaire a une exigence spirituelle à la fois religieuse et esthétique. Il est à la recherche d'un idéal de beauté poétique, d'une création absolue et *Les Fleurs du Mal* illustrent ses désirs contradictoires qui produisent une tension entre un penchant naturel pour le Mal et un désir d'atteindre le Beau :

« Il y a dans tout homme, à tout heure, deux postulations

simultanées, l'une vers Dieu, l'autre vers Satan. L'invocation vers Dieu ou spiritualité est un désir de monter en grade ; celle de Satan ou animalité est une joie de descendre. »

Cette citation de l'auteur illustre la dualité de son état intérieur. Baudelaire va mettre à jour la théorie des correspondances pour représenter l'idéal qu'il cherche à atteindre. Il va employer la synesthésie comme figure de style pour mettre en relation les différentes sensations qu'il éprouve. La théorie des correspondances met à jour non pas une harmonie ou une fusion entre l'homme et la nature, comme le souhaite les romantiques et qui est un état impossible, mais tente de repérer ce qui dans le réel peut amener le poète à ressentir cette unité idéale entre lui et l'environnement qui l'entoure. Cette synthèse des sensations peut être captée et ressentie. L'Idéal peut être atteint par la mise en correspondance de tous les sens de l'homme : l'odorat, l'ouïe, le toucher et le regard se répondent et communiquent chez le poète : « Les parfums, les couleurs et les sons se répondent », nous dit-il dans ses *Correspondances*.
Cette théorie des sens traversera les textes sur l'Idéal : « O boucles ! O parfum chargé de nonchaloir ! […] Je la veux agiter dans l'air comme un mouchoir […] Vit dans tes profondeurs, forêt aromatique », « La Chevelure ». Ainsi, il emploie le champ lexical des sensations et du mouvement. Le vocabulaire des couleurs est aussi très présent, ainsi que celui de la matière et des formes : « À grands flots, le parfum, le son et la couleur ; Ou les vaisseaux, glissant dans l'or et dans la moire […] Dans ce noir océan où l'autre est enfermé […] De l'huile de coco, du musc et du goudron […] Sèmera le rubis, la perle et le saphir », (« La Chevelure »). Baudelaire travaille énormément sur les images, il crée au travers de ses poèmes des sensations aussi bien auditives que

visuelles. Il joue avec les mots et exploite leurs signifiants et leurs signifiés afin de créer une correspondance subtile entre la poésie et ses destinataires. « Les sons et les parfums tournent dans l'air du soir […] Chaque fleur s'évapore ainsi qu'un encensoir », (« Harmonie du soir »). Il joue sur les sonorités comme avec les rimes en assonance d' « Harmonie du soir », qui révèlent une musicalité du poème, proche d'une berceuse, renforcée par les répétitions et les alternances des vers (le deuxième vers de chaque quatrain devient le premier vers du quatrain suivant, tandis que le dernier vers du quatrain devient le troisième vers du suivant).

Ses correspondances s'appliquent aussi au domaine des arts qu'il synthétise : « Rubens, fleuve d'oubli, jardin de la paresse […] Léonard de Vinci, miroir profond et sombre […] Rembrandt, triste hôpital tout rempli de murmures […] Michel-Ange, le vague où l'on voit des Hercules », (« Les Phares »). Dans son poème intitulé « Danse macabre », il décrit une œuvre d'art ; une statue d'Ernest Christophe qu'il a observée et qui a entraîné chez lui une inspiration créatrice. Il met en réseau l'individu et le poète qu'il est avec ce qui l'entoure dans le réel. Il se lie à son environnement, il s'insère dans la réalité, plutôt que de la fuir ou de la rejeter. Il transpose donc dans le langage, dans les mots et dans la forme, la pluralité de la vie moderne. C'est sa quête de l'idéal.

Ainsi, Baudelaire décrit et explore le monde moderne mais aussi ses travers et sa décadence au travers du Spleen. Il recherche un idéal dans la réalité qui l'entoure, il transfigure et poétise son environnement ordinaire au travers de sa théorie des correspondances et n'occulte pas le monde réel et moderne. Il refuse d'embellir et de sublimer un réel qui n'existe pas. Il ré-enchante par l'art, la réalité de son quotidien.

ÉTUDE DU MOUVEMENT LITTÉRAIRE

Le symbolisme

Charles Baudelaire a été considéré par ses successeurs comme le premier poète symboliste. L'esthétique poétique de Baudelaire aspire à une finalité : celle de l'émancipation de la matière verbale par rapport à sa seule signification. Il ouvre ainsi la voie aux symbolistes qui souhaitent donner à l'art, une intensité et une liberté qui l'arrache à l'emprise du discours. L'univers supérieur et invisible que Baudelaire décrit, cette tension vers l'indicible et l'inconnu sera l'une des quêtes du mouvement symbolique.

Chef de file de ce mouvement, constitué dans les années 1880-1890, Stéphane Mallarmé a poussé les recherches du symbolisme jusqu'à son extrémité. Auteur de « un coup de dés jamais n'abolira le hasard », il met en place une esthétique poétique exigeante. Dans cette œuvre majeure du courant symbolique publié en 1897, Mallarmé valorise la disposition typographique et les sons du langage verbal, au détriment de leurs significations. Les sons, l'ordre des mots, leur disposition sur la page, l'emportent face au sens courant ou figuré qu'on leur attribue ordinairement. Mallarmé explore ainsi une autre forme poétique : celle des symboles. Ces symboles se trouvent dans l'expression la plus pure de la matière verbale, c'est-à-dire dans le dépouillement et dans l'épuration du sens. Refusant toute forme de représentation du réel, Mallarmé veut créer un nouveau langage poétique et produire une parole neuve, inédite.

Héritier de Baudelaire et de l'œuvre d'Edgard Poe, ce sont Paul Verlaine, Stéphane Mallarmé, Paul Valery, ou, quelques années plus tard, Guillaume Apollinaire, qui vont chercher à libérer le mot et la création poétique, d'un langage verbal emprisonné par notre esprit et notre culture. Leur démarche frise parfois la folie, car la création poétique qu'ils mettent en œuvre n'est plus régie par un système de langage classique, mais par des symboles qui rendent le monde des Idées, visible et compréhensible. En effet, pour les symbolistes, le monde réel tel qu'il est, dépeint et construit par notre langage verbal, possède des limites que les symboles peuvent dépasser. Ils sont persuadés que derrière le monde que l'on décrit se cache une autre réalité hautement plus vrai et plus sensible.

Ainsi, le langage poétique subit les soubresauts imprévisibles du langage sonore. Pour atteindre cet autre monde, cet inconnu que cherchait Baudelaire, les symbolistes font disparaître le sujet lyrique. Dans *Crise de vers*, Mallarmé écrit : « L'œuvre pure implique la disparition élocutoire du poète qui cède l'initiative aux mots. » Baudelaire prêtait déjà à la matière sonore et poétique une autonomie dont il s'excluait lui-même. On retrouve d'ailleurs chez lui cette impersonnalité, cette dépersonnalisation progressive de son être. Dans la construction syntaxique de ses vers, ce sont les signifiants (son, aspect matériel du mot) qui conduisent la construction du poème et qui forment une chaîne de significations. C'est la matière brute du mot : les sonorités, « les couleurs », l'accent, le ton, qui gouvernent l'ordre des mots dans le vers et qui produisent un sens poétique. Ainsi, la disposition l'emporte sur l'invention. De même, Mallarmé disait : « Je suis maintenant impersonnel », pour expliquer cette domination du signifiant sur le signifié et pour éclairer la posture du poète qui n'est qu'un exécutant devant le pouvoir des mots et du langage poétique.

Baudelaire leur a ainsi légué « l'indépassable contradiction entre le poids de la réalité médiocre et les utopies d'un idéal inaccessible ». Proche d'un idéalisme mystique, les symbolistes cherchent à atteindre ce monde pour prouver que le hasard n'existe pas et que les mots dans leur substance originelle procèdent d'une ordonnance du monde. Leur théorie poétique, cette recherche d'un autre monde des Idées peut s'apparenter à la découverte, avant Freud, de l'inconscient.

DANS LA MÊME COLLECTION
(par ordre alphabétique)

- **Anonyme**, *La Farce de Maître Pathelin*
- **Anouilh**, *Antigone*
- **Aragon**, *Aurélien*
- **Aragon**, *Le Paysan de Paris*
- **Austen**, *Raison et Sentiments*
- **Balzac**, *Illusions perdues*
- **Balzac**, *La Femme de trente ans*
- **Balzac**, *Le Colonel Chabert*
- **Balzac**, *Le Lys dans la vallée*
- **Balzac**, *Le Père Goriot*
- **Barbey d'Aurevilly**, *L'Ensorcelée*
- **Barbey d'Aurevilly**, *Les Diaboliques*
- **Bataille**, *Ma mère*
- **Baudelaire**, *Petits poèmes en prose*
- **Beaumarchais**, *Le Barbier de Séville*
- **Beaumarchais**, *Le Mariage de Figaro*
- **Beauvoir**, *Mémoires d'une jeune fille rangée*
- **Beckett**, *En attendant Godot*
- **Beckett**, *Fin de partie*
- **Brecht**, *La Noce*
- **Brecht**, *La Résistible ascension d'Arturo Ui*
- **Brecht**, *Mère Courage et ses enfants*
- **Breton**, *Nadja*
- **Brontë**, *Jane Eyre*
- **Camus**, *L'Étranger*
- **Carroll**, *Alice au pays des merveilles*
- **Céline**, *Mort à crédit*
- **Céline**, *Voyage au bout de la nuit*

- **Chateaubriand**, *Atala*
- **Chateaubriand**, *René*
- **Chrétien de Troyes**, *Perceval*
- **Cocteau**, *La Machine infernale*
- **Cocteau**, *Les Enfants terribles*
- **Colette**, *Le Blé en herbe*
- **Corneille**, *Le Cid*
- **Crébillon fils**, *Les Égarements du cœur et de l'esprit*
- **Defoe**, *Robinson Crusoé*
- **Dickens**, *Oliver Twist*
- **Du Bellay**, *Les Regrets*
- **Dumas**, *Henri III et sa cour*
- **Duras**, *L'Amant*
- **Duras**, *La Pluie d'été*
- **Duras**, *Un barrage contre le Pacifique*
- **Flaubert**, *Bouvard et Pécuchet*
- **Flaubert**, *L'Éducation sentimentale*
- **Flaubert**, *Madame Bovary*
- **Flaubert**, *Salammbô*
- **Gary**, *La Vie devant soi*
- **Giraudoux**, *Électre*
- **Giraudoux**, *La Guerre de Troie n'aura pas lieu*
- **Gogol**, *Le Mariage*
- **Homère**, *L'Odyssée*
- **Hugo**, *Hernani*
- **Hugo**, *Les Misérables*
- **Hugo**, *Notre-Dame de Paris*
- **Huxley**, *Le Meilleur des mondes*
- **Jaccottet**, *À la lumière d'hiver*
- **James**, *Une vie à Londres*
- **Jarry**, *Ubu roi*
- **Kafka**, *La Métamorphose*
- **Kerouac**, *Sur la route*

- **Kessel**, *Le Lion*
- **La Fayette**, *La Princesse de Clèves*
- **Le Clézio**, *Mondo et autres histoires*
- **Levi**, *Si c'est un homme*
- **London**, *Croc-Blanc*
- **London**, *L'Appel de la forêt*
- **Maupassant**, *Boule de suif*
- **Maupassant**, *Le Horla*
- **Maupassant**, *Une vie*
- **Molière**, *Amphitryon*
- **Molière**, *Dom Juan*
- **Molière**, *L'Avare*
- **Molière**, *Le Malade imaginaire*
- **Molière**, *Le Tartuffe*
- **Molière**, *Les Fourberies de Scapin*
- **Musset**, *Les Caprices de Marianne*
- **Musset**, *Lorenzaccio*
- **Musset**, *On ne badine pas avec l'amour*
- **Perec**, *La Disparition*
- **Perec**, *Les Choses*
- **Perrault**, *Contes*
- **Prévert**, *Paroles*
- **Prévost**, *Manon Lescaut*
- **Proust**, *À l'ombre des jeunes filles en fleurs*
- **Proust**, *Albertine disparue*
- **Proust**, *Du côté de chez Swann*
- **Proust**, *Le Côté de Guermantes*
- **Proust**, *Le Temps retrouvé*
- **Proust**, *Sodome et Gomorrhe*
- **Proust**, *Un amour de Swann*
- **Queneau**, *Exercices de style*
- **Quignard**, *Tous les matins du monde*
- **Rabelais**, *Gargantua*

- **Rabelais**, *Pantagruel*
- **Racine**, *Andromaque*
- **Racine**, *Bérénice*
- **Racine**, *Britannicus*
- **Racine**, *Phèdre*
- **Renard**, *Poil de carotte*
- **Rimbaud**, *Une saison en enfer*
- **Sagan**, *Bonjour tristesse*
- **Saint-Exupéry**, *Le Petit Prince*
- **Sarraute**, *Enfance*
- **Sarraute**, *Tropismes*
- **Sartre**, *Huis clos*
- **Sartre**, *La Nausée*
- **Senghor**, *La Belle histoire de Leuk-le-lièvre*
- **Shakespeare**, *Roméo et Juliette*
- **Steinbeck**, *Les Raisins de la colère*
- **Stendhal**, *La Chartreuse de Parme*
- **Stendhal**, *Le Rouge et le Noir*
- **Verlaine**, *Romances sans paroles*
- **Verne**, *Une ville flottante*
- **Verne**, *Voyage au centre de la Terre*
- **Vian**, *J'irai cracher sur vos tombes*
- **Vian**, *L'Arrache-cœur*
- **Vian**, *L'Écume des jours*
- **Voltaire**, *Candide*
- **Voltaire**, *Micromégas*
- **Zola**, *Au Bonheur des Dames*
- **Zola**, *Germinal*
- **Zola**, *L'Argent*
- **Zola**, *L'Assommoir*
- **Zola**, *La Bête humaine*
- **Zola**, *Nana*
- **Zola**, *Pot-Bouille*